ESTRATÉGIAS SECRETAS PARA GANHAR MUITO DINHEIRO NO NEGÓCIO MULTINÍVEL

DESENVOLVER SUAS HABILIDADES DE VENDAS, APRENDER A TER SUCESSO EM UMA EMPRESA DE MARKETING DE REDE

Gaston Echevarria

Tabela de Conteúdos

Introdução: Marketing multinível

O marketing multinível, ou MLM, é uma estratégia de marketing que cria uma linha descendente de distribuidores e uma hierarquia de vários níveis de remuneração. A força de vendas é compensada não só pelas suas próprias vendas, mas também pelas vendas das pessoas que ajudam a recrutar. As empresas, que têm uma grande base de produtos, muitas vezes não podem empregar uma força de vendas equivalente; e acreditam que estariam em melhor situação sem a abordagem tradicional. Portanto, eles implementam o MLM para sobreviver à concorrência das multinacionais.

MLM também é conhecido como marketing de rede porque ele usa uma rede de clientes individuais para atingir outros clientes potenciais. Em outras palavras, cada cliente individual serve como um representante de vendas.

➢ *Marketing multinível vs. Marketing em pirâmide*

As pessoas confundem frequentemente o MLM com o marketing em pirâmide; no entanto, existe uma distinção muito clara entre as duas abordagens: o marketing em pirâmide consiste em obter o seu dinheiro e depois usá-lo para recrutar outros distribuidores; o MLM, por outro lado, consiste em mover o produto através de uma rede maior de distribuidores para que o negócio possa aumentar o volume de vendas.

Outra diferença entre MLM e marketing em pirâmide é que o marketing em pirâmide requer que cada nível DOUBLE antes de criar um novo nível, então não é justo para as pessoas que estão nos níveis mais baixos e não é é ético também. A MLM, no entanto, concede uma comissão com base no volume de produto vendido através de seus próprios esforços de vendas, bem como o da organização da linha descendente.

Uma vez que a MLM enfrenta os riscos de iniciar um negócio que não foi comprovado por clientes não reconhecidos, as pessoas preferem esperar um coupé anos antes de entrar. Por conseguinte, são igualmente testemunho da trajectória e da fiabilidade da empresa.

> ### *Estrutura do marketing multinível*

O marketing multinível segue uma estrutura significativamente diferente do marketing em pirâmide: a rede é dividida em partes que compreendem um número diferente de pessoas. Algumas partes da rede podem ser compostas por pessoas de nível inferior porque o iniciador pode não ter sido capaz de inscrever mais pessoas; no entanto, outras partes podem ter florescido porque um génio do marketing trabalhador tem bons recursos. Portanto, o MLM acaba sendo uma abordagem mais justa para a geração de renda.

➢ *Crescimento em empresas de marketing multinível*

Uma oportunidade de MLM, com uma ampla rede de contactos, traz consigo maiores perspectivas de crescimento à medida que os membros se tornam mais entusiastas na apresentação de mais pessoas. Além disso, aqueles que estão no topo da rede são encorajados a partilhar as suas experiências com os seus subordinados. Isto porque as melhorias no desempenho dos novos participantes e subordinados traduzir-se-ão em maiores benefícios para os idosos.

Portanto, as empresas de marketing multinível podem aproveitar as grandes oportunidades de geração de receita. A única chave é seleccionar um com um produto ou serviço de sucesso, para que você prefira para si mesmo.

O que é realmente o marketing multinível ou MLM

O marketing multinível é de facto uma revolução na distribuição. A evolução do marketing multinível promoveu uma mudança no paradigma de negócios que mudou significativamente as formas tradicionais de marketing e distribuição de um produto para os usuários finais. O marketing multinível eliminou a necessidade de mais lojas, grossistas, retalhistas e orçamentos de publicidade, tornando-o um dos métodos de marketing de menor custo. Daí que esta nova forma de marketing tenha libertado uma grande quantidade de dinheiro que antes era consumido por enormes orçamentos de publicidade e que agora pode ser usado para desenvolver produtos melhores e inovadores.

- **Âmbito do marketing multinível**

A técnica de marketing multinível incorpora vários níveis de marketing que se estendem a massas de potenciais clientes e é isso que todas as empresas realmente querem atingir o número máximo de perspectivas. Especialmente com o advento do marketing na Internet, o âmbito do MLM ou marketing de rede atingiu o ápice. Empresas em várias indústrias, tais como produtos de saúde, beleza e cuidados com a pele linhas, cosméticos e vários outros não podem realmente sobreviver a longo prazo sem implementar estratégias de marketing multinível, especialmente no curso de seus negócios.

Destacando o escopo do marketing

multinível, Michael L. Sheffield, CEO da Sheffield Research Network, uma empresa de consultoria de vendas diretas e MLM, em fevereiro/março de 1999, escreveu um artigo intitulado "Comp Plan Conversion: Direct Sales to MLM Compensation Plans" no qual ele argumentou que a MLM introduziu uma mudança de paradigma no negócio de venda direta tradicional e com a revolução da Internet o sucesso das empresas MLM aumentou muitas vezes. Ele também citou a declaração produzida por Neil Offen, presidente da Associação de Venda Direta, de que a MLM passou de 25 por cento dos membros da Associação de Venda Direta em 1990 para 77,3 por cento em 1999.

- ### *Oportunidades de marketing multinível*

O marketing multinível é uma corrida de inúmeras oportunidades e perspectivas de crescimento na economia. Hoje, o marketing multinível não só é considerado uma das fontes mais rentáveis e eficientes de marketing e distribuição de seus produtos e melhoria de suas vendas, lucros e oportunidades de negócios, mas também é considerada uma fonte de geração de emprego na economia. À medida que mais e mais pessoas se movem para o e-marketing e e-sales, o MLM está criando um surto de oportunidades de emprego e é considerado uma fonte de renda residual para um número de pessoas ao redor do mundo, incluindo estudantes, desempregados e mulheres, especialmente donas de casa. Não só isso, MLM oferece uma variedade de benefícios para as empresas para alcançar o máximo de lucros.

- ***Entendendo o Modelo MLM***

Como mencionado acima, o marketing MLM é também conhecido como marketing de rede e, como o nome indica, tem um número múltiplo de pessoas (e/ou redes) comercializando um produto para os consumidores. Em termos muito simples, no âmbito do marketing multinível, uma empresa emprega um representante de vendas (às vezes chamado de distribuidor, afiliado ou associado) que realiza as seguintes tarefas básicas.

Primeiro, conquistar clientes e gerar vendas.

Em segundo lugar, para gerar, recrutar e treinar outras pessoas como representantes de vendas para obter clientes ou gerar vendas.

Vamos discutir em detalhe como funciona o modelo de marketing multinível...

- ### *Modelo de marketing multinível*

O seguinte modelo de quatro passos irá demonstrar como funciona um modelo de marketing multinível:

Passo I: Os representantes de vendas recebem clientes

Inicialmente, a MLM Company nomeia um representante de vendas e/ou distribuidor cuja finalidade principal é vender o produto ou serviço a potenciais clientes. O número inicial de clientes que você tem que obter varia dependendo do plano de negócios e da estrutura da comissão. Mas geralmente é melhor conseguir tantos clientes quanto a pessoa puder reter efetivamente e fazer vendas repetidas para eles. Além disso, se a estrutura de pagamento da sua empresa é mais gratificante para treinar pessoas para obter mais clientes do que como um vendedor MLM, você deve limitar seus esforços para obter alguns clientes em primeiro lugar nesta fase e, em seguida, o foco na próxima fase que está recebendo-los treinados para promover as vendas. Esta estratégia é muito apropriada para empresas que lhe pagam para "duplicar a sua identidade".

Passo II: Treinar e recrutar uma pessoa como representante de vendas:

Depois de gerar alguns clientes e fazer vendas para eles como o marketing direto normal ou vendas diretas faz, o próximo trabalho de um vendedor de vários níveis é treinar uma pessoa para agir como um representante de vendas e convencê-los a trazer mais perspectivas e gerar mais vendas para a empresa. Esta pessoa seria chamada de sua linha descendente. Aqui o seu papel é o de um recrutador e não o de um retalhista ou distribuidor.

Etapa III: Você ensina o representante a treinar e recrutar outra pessoa como representante de vendas:

Uma vez que o seu representante de vendas recebe clientes suficientes à vontade e gera vendas suficientes, é hora de treiná-los para obter um representante de vendas. Seu trabalho como líder agora tem várias dimensões, como gerar mais vendas, treinar pessoal para se tornar um representante de vendas e treinar o representante de vendas para treinar futuros funcionários como um representante de vendas. O foco de seus esforços dependerá novamente do seu plano de comissão; você, como vendedor, concentrará seus esforços onde você pode ganhar as maiores comissões.

Passo IV: Repita os passos acima para gerar uma string:

Depois de recrutar e treinar seu representante de vendas para treinar mais pessoas e gerar mais clientes, você pode agora recrutar outro representante de vendas e seguir o mesmo procedimento através da rede de distribuidores dentro de sua linha descendente. É por isso que é chamado de multi-nível ou marketing de rede e, portanto, as empresas através de táticas MLM pode não só gerar clientes confiáveis, mas eles também podem trazer seus produtos e / ou serviços para massas de pessoas com custos mínimos e em um período de tempo relativamente menor em comparação com os métodos de marketing tradicionais.

O procedimento acima explica bem o modelo MLM, mas é sempre mais fácil de obter como ele aparece? Ou como é possível para uma empresa promover o marketing MLM? Um plano de remuneração bem elaborado é a única resposta às perguntas acima. Em nosso próximo capítulo, discutiremos as diretrizes para o desenvolvimento de um plano de remuneração eficaz.

Conselhos práticos

Como mencionado acima, o marketing multinível é simplesmente um modelo de negócio para transferir produtos e serviços da produção para o consumidor, utilizando uma rede de distribuidores independentes com um plano de pagamento de comissões multinível. Como os distribuidores podem recrutar outros distribuidores e formar equipes para trabalharem juntos, o plano de pagamento também é um pouco complexo. Em qualquer empresa MLM a chave básica para conduzir a força de marketing MLM na direção necessária para produzir os melhores resultados é o plano de compensação. Os planos da Comissão ou planos de compensação são a forma como as empresas de MLM recompensam a produção de um distribuidor que conduz o canal de distribuição para maximizar os lucros.

> **Estratégia básica de remuneração**

É importante notar que cada empresa é diferente e cada uma tem diferentes planos de comissão, alguns dos quais também parecem complexos ou complicados. No entanto, a estratégia de eliminação subjacente possui os seguintes componentes básicos.

Comissão de venda a retalho: Como o nome indica, a comissão de varejo é a comissão atribuída para motivar o vendedor a gerar vendas. A comissão paga a um vendedor pelo número de vendas que realiza aos seus clientes.

Comissão Patrocinadora: O próximo

componente de um plano de compensação MLM é a comissão paga a um vendedor pelas vendas geradas pela sua linha descendente, exigindo que o vendedor se concentre em persuadir e gerar outros representantes de vendas para a promoção de vendas. As empresas que querem expandir seus esforços de marketing e distribuição geralmente pagam melhores comissões para motivar seu vendedor a trazer mais representantes de vendas para a empresa.

Comissão de Formação: Poucas empresas também pagam aos seus vendedores para formar representantes de vendas. Estes vendedores actuam basicamente como líderes e têm a experiência, o conhecimento e as competências para formar novos colaboradores.

Além dos componentes acima, também é importante mencionar que o MLM tem tudo a ver com receitas alavancadas, que é um representante de vendas que não só ganha comissões sobre suas próprias vendas, mas também ganha comissões sobre as vendas geradas por pessoas que eles introduziram, treinaram e recrutaram como representantes de vendas. Também é imperativo que os profissionais de marketing tenham cuidado com táticas que às vezes não são usadas eticamente por algumas empresas de MLM ao desenvolverem planos de compensação complexos. Nos próximos capítulos discutiremos golpes e fraudes de MLM e os meios para evitá-los.

✓ *Como encontrar um bom negócio MLM*

Embora o negócio de Marketing Multilevel tenha muito boas oportunidades e perspectivas de crescimento e sucesso, no entanto, a estática revela que a maioria das pessoas que entram nesta empresa enfrentam um obstáculo. Um estudo revela que quase oitenta e cinco por cento das empresas MLM falham nos primeiros dezoito meses. Portanto, para uma pessoa é essencialmente vital iniciar este negócio com prudência. Aqui estão algumas orientações a seguir:

Passo I: INVESTIGAÇÃO DA EMPRESA

É fundamental para o sucesso de um comerciante para entrar em uma empresa que é sólida e viável para entrar como um comerciante multinível. Aqui estão alguns pontos a considerar:

Comece com uma empresa com muita experiência:

A fim de entrar no marketing multinível, é geralmente sábio para começar com uma empresa experiente que tem sido no negócio por pelo menos três anos ou mais. A razão é que a própria empresa passou da fase inicial de sobrevivência e deve agora estar em fase de crescimento, aumentando suas chances de sucesso como comerciante.

Opte por uma Sociedade Anónima:

Empresas bem conhecidas e estabelecidas não só são mais seguras para entrar, mas também têm acesso fácil e de alto nível a informações sobre os antecedentes da empresa, suas pessoas e sua força comercial e financeira. Também é recomendável comparar o salário ou a comissão com as vendas médias da empresa, que lhe dirá se é um bom lugar para começar.

Selecione um membro de um escritório comercial:

É sempre ideal juntar-se a uma empresa que seja membro de um escritório comercial ou registada na Associação de Venda Directa. Isso não só garante a confiabilidade da empresa, como também pode apresentar suas reclamações a essas organizações sobre qualquer má conduta por parte da empresa.

✓ **Investigar a história da empresa:**

Essencialmente importante é olhar para a empresa, ver como ela faz negócios. É por razões éticas? Verifica a ficha dele. Descubra se você tem um histórico estável e identifique se os valores da empresa correspondem aos seus. É essencialmente importante para a presença a longo prazo na indústria do marketing multinível.

Passo II: INVESTIGAÇÃO DO PRODUTO:

Além de identificar uma empresa sólida, também é muito importante conhecer o produto a ser comercializado. Lembre-se que o seu sucesso como vendedor multinível depende, em última análise, das vendas do produto que está a oferecer. Aqui estão algumas perguntas para investigar:

✓ ***O produto é comercializável?***

Como vendedor, é importante comprar um produto que seja altamente comercializável e tenha qualidades e características sólidas através das quais você possa promover as vendas. Também para vender produtos é necessário conhecer suas características. Às vezes é essencialmente importante pesquisar e ter conhecimento suficiente para comercializar sua auto-estima. Por exemplo, se você está vendendo algum software de computador, você deve ter um bom conhecimento da tecnologia. Portanto, antes de comprar um negócio, um comerciante deve avaliar essas questões.

✓ *Gostas do produto?*

Se você gosta do produto, será mais fácil para você comercializá-lo e, portanto, você também pode convencer outros a se tornarem representantes de vendas.

Lembre-se que o marketing multinível é mais boca-a-boca, quando você gosta de si mesmo você se sente mais seguro porque você sabe que o produto é bom e você não está fazendo falsas promessas.

✓ *Tem um preço razoável?*

Os vendedores ingénuos ignoram frequentemente a importância do preço, que é uma das razões do seu fracasso no terreno. É essencialmente importante garantir que o seu produto tenha um bom preço e tenha qualidades excessivas ou seja comparativamente mais barato do que outras marcas disponíveis no mercado, caso contrário será quase impossível para um vendedor gerar vendas suficientes. Além disso, algumas empresas oferecem descontos em um determinado número de vendas, você deve identificar os descontos associados para melhorar seus lucros.

✓ O produto é consumível?

Para gerar mais comissões, tente selecionar produtos de consumo, pois isso aumenta as chances de repetir as vendas. Além disso, se o seu cliente gostar do produto, você pode mantê-lo por um longo prazo e, portanto, convencê-lo a agir como um representante de vendas, o que, em última análise, aumentará nossos lucros futuros.

✓ Existe procura para o produto?

Nunca selecione produtos que estejam obsoletos ou excessivamente disponíveis no ponto de venda. Se seus produtos não têm demanda suficiente, você estaria perdendo tempo e esforço para nada.

Passo III: INVESTIGAÇÃO DO PLANO
DE COMPENSAÇÃO:

O próximo passo crucial é compreender
bem o plano de compensação. Como na
maioria das vezes um fornecedor
multinível está fornecendo um serviço
duplo, um como fornecedor e o outro
como recrutador, portanto, a comissão e a
compensação dependem de ambos. É por
isso que é importante compreender as
políticas de remuneração da empresa com
bastante antecedência. Aqui estão
algumas dicas:

✓ **A sua remuneração é
baseada em vendas ou
recrutamento?**

Lembre-se que é ilegal pagar comissões

sobre o número de recrutas. Portanto, é necessário identificar o plano de remuneração. Isto irá ajudá-lo a concentrar os seus esforços.

Identificar custos ocultos:

Algumas empresas exigem um adiantamento ou uma taxa de adesão para se registarem como vendedores ou representantes de vendas em nome das empresas. Identifique se você vai gerar

comissões suficientes para cobrir o seu dinheiro inicial pago. Além disso, se o investimento for relativamente elevado, tenha cuidado, pois algumas empresas fraudulentas pedem para pagar grandes somas inicialmente. Evite sempre juntar-se a eles.

✓ *Tens um alvo para alcançar?*

Você deve encontrar suas metas, por exemplo, quantos associados você precisa recrutar. Algumas empresas exigem que você inscreva um determinado número de pessoas em um determinado período de tempo antes de receber o pagamento.
Não só poucas empresas exigem que você cruze o nível de vendas teórico antes de pagar. Isto pode causar problemas a novos e ingénuos vendedores.

Além do acima mencionado, há também outros pontos importantes que garantem o seu sucesso como vendedor multinível. Estes são os únicos:

Treinamento de fornecedores:

Algumas empresas oferecem

treinamento para seus representantes de vendas e vendedores MLM sobre características do produto e perfil da empresa. Boas empresas também treinam seus funcionários para melhorar suas habilidades de marketing. É melhor selecionar tal empresa, especialmente se você é novo na indústria de marketing multinível.

Participação activa:

Algumas empresas também oferecem um fórum de discussão onde você pode interagir com outros membros. É bom para você, porque no decorrer do seu trabalho podem surgir algumas perguntas para as quais você precisa de respostas e você quer receber sugestões de outras pessoas na mesma empresa que podem ajudá-lo a resolver suas dúvidas e dar-lhe as respostas certas que você precisa.

Aceitar a recomendação do associado atual:

Contacte sempre alguém que já seja membro do MLM. Peça-lhes as suas recomendações sobre a empresa e os seus pontos de vista sobre como o sistema MLM funciona na empresa.

Cuidado com as fraudes:

Há uma série de falsas empresas e falsas alegações. Tem cuidado com eles. Nos capítulos seguintes, vamos discutir em detalhe os golpes MLM, que irá ajudá-lo a proteger-se de entrar em empresas falsas.

Em poucas palavras, uma boa empresa

é formada por pessoas comprometidas com produtos que realmente ajudam a melhorar a vida das pessoas, que vêem seus distribuidores como seus ativos e têm planos de compensação promissores que pagam bem pelos esforços, que treinam seus funcionários e que estão sempre lá para ajudar suas pessoas. Portanto, se você seguir os passos acima, você será capaz de selecionar uma boa empresa de MLM que irá garantir-lhe o sucesso como um comerciante multinível.

Marketing multinível versus negócios tradicionais

Os advogados de marketing multinível descrevem o MLM como o meio mais eficiente e eficaz de marketing e geração de contatos e vendas para o seu negócio. Mas as empresas de marketing tradicionais estão relutantes em adotar novas estratégias de marketing de rede para gerir o seu negócio. Além disso, a maioria das pessoas nem sequer compreende exactamente as diferenças entre as duas estratégias. É por isso que dedicamos este capítulo a explorar a diferença entre marketing multinível e estratégias de marketing tradicionais.

Vamos explorar as principais diferenças:

• *Diferença entre MLM e Marketing Tradicional*

A diferença mais significativa entre MLM e marketing tradicional é o papel do comerciante. No marketing multinível, um indivíduo é inicialmente contratado como um representante de vendas que deve comercializar a empresa e seus produtos e/ou serviços e gerar vendas, o que é bastante semelhante a qualquer negócio de marketing tradicional. No entanto, por outro lado, no âmbito do marketing multinível, também é necessário identificar e recrutar representantes de vendas adicionais como sua linha descendente. O novo representante de vendas pode, por sua vez, designar outra pessoa como representante de vendas ou comerciante da empresa.

Sob MLM um vendedor tem a autoridade para obter clientes e recruta e treina outro vendedor para obter clientes. No entanto, em uma empresa de marketing tradicional, um gerente de vendas e/ou representantes de vendas são contratados pela própria empresa.

No MLM, um número ilimitado de representantes de vendas pode ser contratado, independentemente de gerarem ou não vendas suficientes, no entanto, no caso de uma empresa não-MLM, os representantes de vendas são contratados com base nos recursos financeiros da empresa. Um novo gerente de vendas também é contratado apenas quando o gerente existente está sobrecarregado.

Numa empresa MLM a estrutura da rede de distribuição expande-se verticalmente, mas numa empresa de marketing tradicional há geralmente uma expansão horizontal.

Os vendedores MLM muitas vezes recebem comissões, ou seja, sua remuneração é geralmente baseada no número de vendas feitas por eles ou por pessoas de sua linha descendente. É por isso que a MLM goza de uma rápida expansão, já que os vendedores podem recrutar quantos representantes de vendas quiserem e a empresa não precisa se preocupar com salários fixos. No entanto, no marketing tradicional, os gerentes de vendas ou representantes são frequentemente remunerados com salários fixos.

Além disso, as empresas MLM não costumam exigir custos de estabelecimento elevados em comparação com as empresas tradicionais que exigem grandes investimentos para estabelecer um canal de marketing e distribuição completo.

Uma das outras características principais do marketing multinível é que as empresas-mãe fazem muito dinheiro. A força de vendas da MLM é tão vasta que mesmo que nenhum promotor venda a níveis elevados, mas o grupo como um todo vende a um nível muito elevado, a empresa continuaria a usufruir dos benefícios. No entanto, no sistema tradicional, se um gestor não estiver a funcionar bem, as vendas da empresa são afectadas negativamente.

Na MLM, aqueles com alta performance ganham muito e chegam ao topo, enquanto os restantes (aqueles com baixa performance) não conseguem sobreviver e sair do mercado sozinhos. A empresa MLM, como qualquer outra empresa tradicional, não precisa se preocupar em passar pelos tediosos processos de avaliação, contratação e demissão, e assim por diante.

Portanto, as diferenças acima manifestam claramente as vantagens associadas ao marketing multinível sobre os métodos de marketing tradicionais, uma vez que o MLM não é apenas a forma mais flexível de marketing, mas também, devido à sua característica de rede, tem a tendência de se expandir rapidamente no mercado e, se efetivamente direcionado, pode fazer enormes lucros para a empresa. Não só as pessoas que podem juntar-se à equipa de marketing sob MLM podem trabalhar a qualquer momento e colher os benefícios não só nas vendas que fazem, mas também nas vendas feitas pelos representantes que recrutam. Assim, o MLM tem as características de usufruir de receitas alavancadas e de uma maior penetração no mercado.

✓ **Você deve melhorar suas habilidades como vendedor**

É essencial que o vendedor entenda que, independentemente do tamanho da empresa que selecione e do grau de exigência dos produtos, o que não deve ser esquecido é que o marketing multinível requer muito trabalho e comprometimento. Não é possível fazer grandes somas de dinheiro apenas assinando uma vez e depois sentado à espera que o dinheiro chegue. Você precisa constantemente treinar e atualizar a si mesmo e melhorar seus esforços para garantir lucros a longo prazo e maximizar os lucros. Aqui estão algumas dicas para ajudá-lo a melhorar suas habilidades como vendedor de vários níveis.

Gerir a sua linha descendente:

Lembre-se que a sua linha descendente é o seu activo e uma fonte de rendimento. Portanto, é importante gerenciar sua linha descendente corretamente e continuar a motivar sua linha descendente para produzir o máximo de resultados e gerar o máximo de vendas.

Compreender pessoas diferentes:

É importante para um vendedor entender que ele ou ela está lidando com várias pessoas ao mesmo tempo, a maioria delas de diferentes origens. É essencial que ele treine cada um deles adequadamente, pois cada um deles pode exigir um conjunto diferente de informações e habilidades para melhorar sua eficiência. Também para convencer as pessoas a agir como um representante de vendas, você como um vendedor deve persuadi-los de acordo com suas necessidades e nível.

Aprenda a aceitar a rejeição:

O marketing multinível tem uma alta taxa de rejeição, por isso é importante manter uma atitude positiva e aceitar um "NÃO".

Concentra-te e sê persistente:

Algumas pessoas tendem a perder o interesse rapidamente se acham que seus planos não estão funcionando perfeitamente. Um comerciante multinível deve evitar isso, pois requer persistência e esforços concentrados para alcançar o sucesso.

Realizar pesquisas constantes:

Mais uma vez, o sucesso como vendedor depende muito da empresa e do produto selecionado. Por conseguinte, é imperativo investigar muito antes de entrar na empresa.

Treine e atualize-se constantemente:

Tente pegar empresas que oferecem treinamento constante para seus vendedores, isso vai ajudá-lo a manter sua atualização automática. Se você entender as últimas tendências, tecnologias e características do produto, você estará em melhor posição para persuadir os clientes, gerar vendas e liderar sua linha descendente.

Melhore suas habilidades de comunicação:

Habilidades eficazes de comunicação e vendas são a chave para o sucesso de cada vendedor; portanto, um vendedor multinível deve melhorar constantemente suas habilidades de comunicação.

Falar por falar... confiabilidade:

Para conseguir vendas repetidas, é necessário fornecer informações confiáveis. Portanto, você deve ser responsável pela comercialização do seu produto e evitar formas antiéticas de gerar vendas e prospectos.

Empresas multinível de sucesso

MLM Business Essentials

Milhares de empresas de MLM estão operando no mundo hoje, mas a maioria delas desaparece com o tempo. Novas empresas continuam entrando e saindo do mercado. Apenas as grandes empresas podem manter uma existência a longo prazo. É essencialmente importante descobrir quais empresas são bem sucedidas em MLM? Quais são suas características? Como uma empresa pode garantir o sucesso de suas estratégias de MLM. Estes são alguns dos destaques de uma empresa de marketing de alto desempenho multi-nível.

✓ **Produto único:**

Não importa quão eficaz seja a sua estratégia de vendas ou marketing e quão boa seja a sua força de vendas, nada funciona se a sua oferta não valer a pena. Um produto único e bem desenvolvido que realmente satisfaça as necessidades do cliente é uma necessidade. Sem um produto de qualidade que seja único no mercado, você não pode sobreviver no mercado, não importa o quão grande você seja.

✓ *Estabilidade:*

A palavra estabilidade muitas vezes denota longevidade e resistência a longo prazo. Uma empresa bem estabelecida tem a oportunidade de reter choques econômicos de curto prazo na demanda e nos preços. As empresas com planos e políticas de gestão coerentes e objectivos de longo prazo definidos também demonstram estabilidade e persistência a longo prazo. Se as decisões-chave e os decisores políticos mudaram frequentemente ao longo da história da empresa, a sua estabilidade é questionável.

✓ *Solidez financeira:*

A estabilidade e a solidez financeira são outra componente da estabilidade. Antes de entrar na MLM, uma empresa deve identificar se possui recursos e fundos adequados para cumprir com a compensação do distribuidor. As empresas devem igualmente identificar se seria rentável implementar o marketing de rede e se os benefícios esperados compensam os custos associados.

✓ *Treinamento e apoio aos associados*

A característica mais importante de uma empresa de marketing multinível bem sucedida é a qualidade da sua formação e apoio aos distribuidores ou afiliados. As empresas que vêem seus distribuidores como ativos sempre se concentram em educar e treinar seus funcionários não apenas para aprimorar suas habilidades, mas também para permitir que eles acompanhem quaisquer mudanças ou novas tendências na indústria de marketing multinível. Estas empresas oferecem formação contínua às suas equipas de vendas através de webinars, salas de chat e videoconferências. Além disso, empresas bem-sucedidas oferecem diferentes canais aos seus distribuidores para resolver dúvidas e preocupações, como salas de bate-papo ao vivo, bibliotecas de recursos, sites informativos e interativos e linhas diretas de apoio ao distribuidor.

✓ *Ferramentas para a criação de empresas*

É importante lembrar que vendedores bem-sucedidos são imperativos para o sucesso de uma empresa. É por isso que as empresas de marketing multinível de alto desempenho muitas vezes fornecem aos seus distribuidores uma variedade de ferramentas eficazes de criação de negócios. Várias ferramentas úteis como cartões eletrônicos, diários, calendários, sistemas de gerenciamento de relacionamento com o cliente, amostras, testadores, auto-respondedores e vários outros recursos on-line são fornecidos aos seus distribuidores.

✓ **Plano de Compensação**

Um plano de compensação eficaz é mais uma vez uma necessidade para o sucesso do marketing multinível. Uma empresa de marketing MLM eficaz conhece a importância da sua força de distribuição e oferece aos seus distribuidores um plano de compensação generoso e equilibrado. Também é importante que qualquer que seja o modelo de remuneração utilizado pela empresa, o plano seja simples, direto e fácil de entender, e que recompense seus distribuidores ou afiliados com níveis progressivos de bônus. Motivá-los a aumentar os seus esforços para aumentar o volume de vendas e recrutar prospectos mais qualificados.

Portanto, estas são as características básicas que garantem a sobrevivência e sucesso de uma empresa de marketing multinível, estas poucas características devem orientar como garantir o sucesso do marketing multinível.

O marketing multinível é legal?

O marketing multinível é um conceito de marketing relativamente novo e complexo, embora tenha sido praticado há anos de uma forma ou de outra por muitas empresas, mas a grande maioria das pessoas confundi-lo com esquemas de pirâmide e questionar a legalidade do marketing multinível. Agora a questão é: a MLM é legal? Aqui está a resposta: Sim, é legal.

Até 1979, o marketing multinível era geralmente considerado um esquema ou ilegal porque nunca foi provado e julgado em tribunal. Em 1975, a Amyway Corporation foi acusada e processada pela Comissão Federal de Comércio dos EUA por operar como um esquema de pirâmide ilegal e, após quatro anos de litígio, a

Amyway ganhou o caso e o tribunal excluiu que o programa de marketing multinível da empresa era um negócio legítimo e não um esquema de pirâmide ilegal. Por conseguinte, é agora bastante claro que a comercialização a vários níveis é legal e não um logro.

Para já, é evidente que a comercialização a vários níveis é legal e não deve ser pensada duas vezes. No entanto, as empresas que realizam programas de marketing multinível devem desenvolver estritamente estratégias que se enquadrem na definição de marketing multinível, pois existe uma linha tênue entre o marketing multinível e o marketing em pirâmide que é ilegal. Também devido à complexidade das estruturas de comissões, as empresas às vezes desenvolvem, se não estratégias ilegais, mas antiéticas, que não são benéficas para as comunidades e para o público em geral.

No entanto, para entrar legalmente na categoria de marketing multinível, além de usar o bom senso, as seguintes diretrizes da United States Federal Trade Commission (FTC) devem ser seguidas:

Nunca entre em qualquer plano que prometa comissões para o recrutamento de distribuidores adicionais. É constituída no âmbito de um regime de pirâmide ilegal. A sua indemnização deve estar ligada às vendas reais efectuadas por si ou pela sua linha descendente e não ao número de recrutas.

Os planos que pedem aos novos distribuidores que façam um pagamento antecipado ou comprem um inventário caro são muitas vezes cépticos, pelo que é essencial ser-se cauteloso com eles. Estes planos podem entrar em colapso rapidamente e podem também ser esquemas de pirâmide finamente disfarçados.

Além disso, os planos que afirmam que você vai ganhar mais dinheiro, aumentando a sua linha descendente são irrealistas. Você recebe comissões sobre as vendas feitas pelas pessoas que você recruta, não apenas contratando mais e mais representantes. Tem cuidado com eles.

Cuidado com os xelins. Referências falsas ou superprojetadas usadas por empresas para atraí-lo são irrealistas, então tome cuidado.

Lembre-se, você não vende milagres. Portanto, o compromisso com as empresas que afirmam vender produtos milagrosos. Lembre-se também que sob as diretrizes da FTC, um distribuidor ou vendedor é eticamente responsável pelas promessas que fez. Por isso, não prometas o que não consegues entregar.

Nunca celebrar um contrato numa situação de alta pressão "Agora ou Nunca". Todas estas são tácticas antiéticas praticadas por empresas para te apanharem. Leve sempre o seu tempo e peça conselhos a amigos e outros profissionais como contabilistas, advogados, etc. para avaliar a viabilidade do projecto.

Além das diretrizes acima, a FTC também exige que a empresa de marketing multinível obtenha pelo menos 70% de sua receita de vendas a varejo para não negociantes. Se este critério não for cumprido, os tribunais concluíram que, em vários casos, a empresa MLM está no negócio de recrutamento incessante de distribuidores que recrutam distribuidores, o que pode transformar estas empresas em sistemas em pirâmide e não em empresas de vendas e distribuição.

Portanto, as diretrizes acima são importantes para identificar se a Companhia MLM se enquadra na definição legal de fazer negócios. Mas isso não é tudo; além de ser legal, é essencialmente importante para a empresa de marketing multinível usar padrões e procedimentos éticos para gerar seus negócios e lucros. Mais adiante neste texto destacaremos os golpes gerais e práticas antiéticas que são frequentemente praticados por poucas empresas de MLM para enganar suas pessoas e maneiras de evitá-las.

Possíveis golpes e como evitá-los

Como mencionado acima, o sucesso do MLM depende, em grande medida, do aumento do número de vendas através de representantes de vendas. Às vezes, as empresas, para atrair pessoas, usam alegações falsas. Esta é uma das principais razões pelas quais muitas pessoas temem o MLM é porque acreditam que vão ser enganadas. Se você pesquisar na web você vai encontrar muitos exemplos de empresas que fazem declarações falsas e golpes MLM. Aqui estão alguns exemplos de como as empresas usam práticas antiéticas para enganar as pessoas:

Oferecer sistemas de garantia de reembolso do dinheiro

Oferecer milagres em vez de produtos reais

Peça aos novos distribuidores para pagarem antecipadamente

Promete dar às pessoas nas fileiras assim que elas se inscreverem com elas

Às vezes, as empresas MLM nem sequer existem na realidade, elas apenas criam sites falsos para prender indivíduos.

Exigir que você compre uma determinada porcentagem do seu produto inicialmente, que você pode não ser capaz de vender e, portanto, incorrer em perdas.

Prometendo-lhe comissões

excessivamente altas sobre as suas vendas.

Além deles, muitas empresas de MLM planejam tacticamente seu esquema de comissão que realmente tira dinheiro dos fornecedores ou das pessoas que trabalham na rede. Vendedores ingênuos geralmente não entendem que eles estão sendo enganados e mesmo depois de colocar em cem por cento de seus esforços e gerar clientes suficientes, eles não atingem os objetivos irreais das empresas e não pode obter nada de seus esforços. É por isso que é sempre essencial que um vendedor pense cuidadosamente e investigue corretamente antes de entrar na empresa MLM e fique longe de empresas que aplicam táticas antiéticas para gerar lucros.

Aqui estão algumas dicas para evitar fraudes.

➢ *Dicas para evitar golpes de marketing multinível:*

Investigar a empresa e a sua gestão. Por exemplo, se você não tem acesso à empresa, sem números de telefone, sem endereços, sem pessoas de contato, então estes são os sinais de que você está sendo enganado.

Leia a política e os procedimentos antes de aderir. Siga também o conselho de alguns profissionais antes de assinar qualquer acordo.

Evite sistemas de geração de leads que dependam de amigos e familiares.

Vamos entender o plano de

compensação. Certifique-se também de que está a ser compensado pelas vendas que você e a sua linha descendente geram e não pelo número de pessoas que recruta, uma vez que esta última é um esquema de pirâmide ilegal.

Verifique se o suporte está disponível para a linha superior. Identificar se a empresa investe fundos e recursos no treinamento de seus distribuidores. Só as empresas boas e fiáveis investirão na formação do seu pessoal.

Se a empresa de marketing multinível está pedindo várias centenas ou milhares para participar com antecedência, pode haver chances de ser enganado.

Lembre-se sempre que o sucesso da MLM leva tempo e trabalho árduo, nunca se junte a empresas que prometem lucros durante a noite.

Seguindo as dicas acima, um vendedor ingênuo pode reduzir as chances de ser enganado e, portanto, concentrar seus esforços em um negócio de MLM confiável e realista.

Oportunidades de marketing online multinível

Até agora a nossa discussão tem sido baseada em uma compreensão dos fundamentos do marketing multinível e uma coisa que é óbvia durante toda a nossa discussão é que cada empresa de marketing multinível visa alcançar mais e mais perspectivas e gerar mais e mais vendas. Agora basta pensar por um momento na era actual, que é o melhor meio possível para atingir o número máximo de perspectivas, investindo o mínimo de tempo e esforço. A resposta é muito simples: 'Internet'. Ao conectar on-line, as empresas MLM podem transformar seus negócios em sucesso e alcançar bilhões de clientes, incorporando estratégias de marketing on-line multinível. As melhores empresas de marketing multinível executar várias estratégias de marketing on-line, a fim de gerar mais e mais oportunidades de negócio e, em seguida, concentrar seus esforços de marketing sobre as oportunidades de gerar vendas.

Directrizes para um Marketing Online Multilevel Eficiente e Eficiente

Vamos explorar algumas orientações para tornar o seu negócio online MLM um sucesso;

> ## Crie o seu site:

O primeiro e mais importante passo para garantir a sua presença online é criar o seu website. Cada sistema de marketing multinível online começa com um site.

> ## Atrair visitantes:

Não importa quão boa seja a sua empresa, o seu produto ou o seu website, não vale a pena se ninguém o souber? Portanto, o próximo passo é atrair tráfego para o seu site. Agora a questão é como fazer isso. A resposta é anunciar-se a si mesmo. Isso pode ser feito através da incorporação de várias estratégias de marketing online, tais como através do marketing do artigo, marketing viral, blogs, vídeo marketing, marketing social, e assim por diante.

marketing, anúncios patrocinados, tais como pay-per-click, etc. Para gerar o tráfego máximo para o seu site é essencialmente importante usar palavras-chave eficazes e desenvolver conteúdo e táticas que maximizam o seu motor de busca rankings. Todos esses procedimentos, se usados de forma eficiente, podem atrair bilhões de visitantes ao seu site.

> ### *Gerar clientes potenciais:*

Uma vez que você começa o tráfego para o seu site é agora a fase em que você obter informações de contato para construir listas de potenciais interessados. Gerar leads e criar listas é o passo mais importante. Mais tarde, neste texto, exploraremos em detalhe as formas em que os leads podem ser gerados. Você pode fazer isso através de páginas de compressão, páginas de e-mail opt-in, pop-ups, etc. Portanto, desta forma, você pode obter informações sobre a pessoa que está interessado em sua empresa e seu produto e você pode comprar seu produto no futuro.

> ### *Construindo relacionamentos:*

Uma vez gerada uma liderança, é hora de estabelecer uma relação com o potencial cliente e desenvolver confiança e persuadi-los a comprar o produto. Manter-se em contacto com o seu potencial cliente é crucial. Isso pode ser feito através de um auto-respondedor, onde você envia um conjunto predefinido de e-mails para o cliente em potencial para criar credibilidade e confiança.

> ### Gerar vendas:

Depois de fazer isso, você pode convencer seu cliente potencial a comprar seu produto e transformar chumbo em um cliente. Lembre-se de manter contato com o seu cliente para que você possa não só fazer vendas repetidas, mas também convencê-los a se juntar à sua equipe e, eventualmente, recrutá-los como representantes de vendas.

Seguindo as diretrizes acima, você, como vendedor, pode colher o máximo de benefícios e levar ao sucesso. No entanto, é essencialmente importante para um fornecedor multinível desenvolver uma relação de longo prazo com seus clientes, pois é a chave para sua sobrevivência a longo prazo no setor de MLM. No próximo capítulo exploraremos a importância da construção de relacionamentos.

A importância das relações

Para cada negócio a chave do sucesso é construir relações com os seus clientes. Isso também é verdade para qualquer negócio de marketing multinível, de fato, a importância de construir um relacionamento aumenta duas vezes em marketing multinível, como você, como um vendedor não só tem que manter seus clientes para gerar vendas repetidas, mas também construir confiança com eles para que você possa convencê-los a se juntar a sua equipe como um vendedor e como um futuro representante de vendas. Então, como você constrói relacionamentos online? Aqui estão as dicas básicas que você precisa seguir para construir relacionamentos online.

Agregue valor aos seus clientes:

Uma das melhores maneiras de reter seus clientes é fornecer valor a eles de forma consistente. No marketing multinível, uma das melhores maneiras de agregar valor aos seus potenciais clientes é fornecer-lhes o melhor produto. Quando o seu produto satisfaz os clientes, isso significa que você cumpriu as promessas feitas a eles e, portanto, desenvolver a sua credibilidade e as pessoas confiam em você e vai voltar para você repetidamente.

É isto? Não, lembre-se que estamos a falar de marketing MLM, onde os seus lucros são baseados nas vendas feitas pela sua linha descendente. Portanto, para um vendedor multinível, é igualmente importante construir relacionamentos saudáveis e duradouros com as pessoas em suas redes sociais. As tuas linhas baixas são os teus bens. Tente sempre treinar, ajudar e satisfazer as suas necessidades e esteja sempre presente para resolver os seus problemas e problemas. Desta forma, não só pode aumentar as suas próprias receitas, como também pode aumentar os lucros da sua empresa.

Marque você mesmo:

Como muitas pessoas estão fazendo negócios de marketing multinível on-line e, a fim de diferenciar-se de seus concorrentes e provar a si mesmos, é essencial que você marca a si mesmo. A melhor maneira de fazer isso é criar seu próprio site ou blog que diz às pessoas sobre você. Quando o fazes, aumentas a tua credibilidade e ganhas os teus concorrentes.

Mantém-te em contacto:

Um erro muito comum que a maioria dos vendedores MLM cometem é deixar os clientes uma vez que fazem vendas. Nunca faças isso. É muito importante manter contato com o cliente, perguntando-lhe como ele encontrou o produto, o que mais ele quer no produto. Estas tácticas irão ajudá-lo a manter os seus clientes a longo prazo e a garantir a repetição das vendas.

Seja positivo:

Poucos comerciantes se irritam rapidamente por causa das flutuações na demanda do mercado. É importante como líder permanecer positivo e persistente, mesmo que não haja vendas suficientes. A razão por trás de suas esperanças soltas não pode motivar as pessoas em sua linha descendente, portanto, sempre permanecer positivo e focado.

➤ *Geração de potenciais clientes*

Ao longo do nosso debate no âmbito deste texto, salientámos que um comerciante a vários níveis tem de atingir dois objectivos básicos. Uma é vender os produtos ou serviços da empresa-mãe e a outra é incentivar o cliente a tornar-se também um distribuidor independente. Ambos os objectivos exigem acções que exigem a criação de perspectivas máximas de negócio, também conhecidas como "business leads".

Existem várias formas de gerar clientes potenciais. Normalmente, um vendedor gera suas próprias pistas através de referências de amigos, familiares e conhecidos. Mas isso é suficiente? Por conseguinte, o vendedor tem de utilizar vários instrumentos, como a realização de eventos ou feiras comerciais, a distribuição de brochuras, outros podem incluir a realização de pesquisas ou mesmo o vendedor pode simplesmente comprar uma lista de empresas de construção a partir de listas ou de outras fontes relevantes.

Os vendedores online de vários níveis também usam várias táticas para gerar leads. Isto pode ser feito através de páginas de compressão, páginas de e-mail opt-in, pop-ups, etc. Estas são basicamente maneiras comuns de coletar informações de um visitante, por exemplo, através da página de compressão, você fornece um pedaço de informação na forma de um artigo ou vídeo clipe para o cliente e, em seguida, pedir ao cliente para deixar seus detalhes de contato (geralmente e-mail, endereço postal e outras informações de contato) se eles precisam de mais detalhes. Desta forma, poderá obter informações sobre a pessoa que pode comprar o seu produto no futuro. Portanto, se você tem uma existência on-line, você está em uma posição de gerar massas de contatos de negócios, que são basicamente seus clientes potenciais. Uma vez que você obtê-los, ele irá ajudá-lo a manter um relacionamento de longo prazo com eles e você será capaz de abordá-los para oferecer a si mesmo, suas ofertas e seus serviços.

Portanto, um comerciante multinível deve gerar tantos contatos quanto possível, o que é crucial não só para a sua existência, mas também para a sobrevivência da empresa.

> ***Medição do desempenho de marketing multinível***

Uma parte integrante da análise do sucesso de uma campanha de marketing multinível é medir o desempenho da equipe de marketing multinível. Você precisa identificar indicadores-chave de desempenho que tenham um impacto significativo na lucratividade da sua empresa. Esses indicadores-chave são basicamente pontos de verificação que ajudam a monitorar o progresso da sua equipe de marketing multinível e seus efeitos no seu negócio. Devido à natureza muito complexa do cenário de marketing de rede e planos de remuneração geralmente complicados, poucas empresas às vezes ignoram a avaliação do desempenho de sua equipe e o impacto geral sobre o negócio. Mas será que está tudo bem ou será um grande erro? Só um louco diria que tem o direito.

O desempenho de uma equipe multinível tem um impacto vital no seu negócio e é crucial para avaliar o desempenho como ele irá ajudá-lo a formular suas estratégias de negócios futuros e plano de marketing multi-nível. Investir mais em áreas promissoras e reduzir esforços onde não há muito potencial. Mas a questão é como você mede o desempenho da sua equipe? Como você pode fornecer dados úteis para o planejamento da estratégia de negócios futura? Quais são os principais indicadores de desempenho?

Para avaliar o desempenho, é essencial identificar indicadores-chave de desempenho. Por exemplo, identifique se a sua equipa atingiu os objectivos que lhe foram atribuídos, o número de vendas realizadas pela sua equipa, o número de recrutas chave que obtém, a realização de uma análise custo-benefício, o número de vendas repetidas ou clientes repetidos, o aumento das vendas, o nível de satisfação da sua equipa, o nível de satisfação dos seus clientes, e assim por diante. Depois disso, você pode usar esses resultados para desenvolver futuras políticas de negócios. A medição dos indicadores-chave de desempenho é, por conseguinte, um processo bem reconhecido e é praticado por quase todas as grandes empresas para servir de base à formulação de estratégias futuras.

Outro ponto importante a ter em conta é a avaliação dos seus objectivos de negócio. Algumas empresas estabelecem metas irrealistas que são muito difíceis de alcançar. Para avaliar o desempenho real, também é essencial avaliar o plano de remuneração. Por exemplo, se a retenção do distribuidor for muito baixa, em vez de penalizar sua equipe, você deve reavaliar seu plano de comissão e identificar por que sua equipe não pode produzir resultados eficazes. Observe também as forças que não estão no controle de seus fornecedores, por exemplo, uma desaceleração econômica, demanda por quedas curtas, etc. Portanto, para garantir a longevidade, as empresas de MLM devem avaliar constantemente o desempenho de seus equipamentos e tomar medidas para corrigir quaisquer falhas no loop.

Vantagens do marketing multinível

O marketing multinível oferece uma variedade de benefícios. Abaixo estão listadas algumas vantagens associadas ao negócio de MLM:

- **Barreiras mínimas de entrada:**

Multilevel marketing como qualquer outro marketing online é uma indústria igualitária que você pode entrar e não tem nenhum requisito de entrada para a dor. Também para iniciar sua carreira como um vendedor de vários níveis e para iniciar um negócio MLM profissionalmente você não precisa ser altamente qualificado, ou seja, você pode entrar neste negócio sem a necessidade de um grau ou qualquer experiência particular.

- ***Flexibilidade financeira:***

Em comparação com outras empresas, o negócio de MLM tem custos de estabelecimento relativamente baixos. Embora os custos reais variem substancialmente com o tipo de plano de compensação que você oferece, por exemplo, poucas empresas exigem um investimento mensal substancial em produtos ou serviços ou poucas exigem alguns encargos adicionais, como registro, etc., para se juntar a elas como seu representante de vendas ou vendedor.

- ***Exige esforços concentrados:***

A abordagem de um vendedor MLM é apenas para comercializar o produto que você tem que concentrar seus esforços na geração de vendas e representantes de vendas. Tudo o resto é feito pela própria empresa, ou seja, você só está comercializando um produto que já foi fabricado, e quando você faz uma venda não precisa se preocupar com mais nada, como enviar o produto para o cliente, etc.

- **_Horário flexível:_**

Pode gerir o seu negócio quando quiser. Você tem a flexibilidade de escolher seu plano de horário de trabalho. Pode trabalhar a tempo parcial, a tempo inteiro, à noite, em casa ou em qualquer outro lugar. Além disso, você não precisa de um escritório ou área corporativa adequada para trabalhar.

- ### *A MLM oferece renda alavancada:*

Uma das maiores vantagens em um negócio de MLM é que você basicamente colocar os esforços iniciais em treinamento e gerar um representante de vendas eficaz e desenvolver uma linha descendente eficiente. Assim que o fizeres, podes colher os lucros para o resto da tua vida. Porque você está geralmente ganhando compensação ou comissão sobre as vendas geradas por você, bem como o seu downline, e o mais eficiente e trabalhador do seu downline, o mais dinheiro que você pode ganhar. É por isso que o MLM é geralmente visto como uma fonte de renda alavancada, ou seja, você recebe uma renda contínua de um único esforço inicial.

- ### *Sistemas pré-existentes*

Como fornecedor de MLM você não precisa desenvolver sistemas para recrutar, desenvolver e treinar sua equipe. Estes são tratados pela empresa que representa. Tudo o que você precisa fazer é chegar até as pessoas para comercializar seu produto e gerar vendas e convencê-las a agir como futuros representantes de vendas.

- ***Crescimento e desenvolvimento pessoal:***

O marketing MLM também é visto como uma extensa fonte de crescimento pessoal e desenvolvimento de fornecedores. Ao longo do tempo, você não só atingir qualidades de vendas profissionais, mas MLM ajuda a aumentar suas relações públicas e melhorar suas qualidades de marketing e liderança.

➢ *Desvantagens do marketing multinível*

Tendo discutido as vantagens, vamos agora explorar o lado mais sombrio que são as desvantagens do marketing multinível. Aqui está a lista:

• *Planos de remuneração complexos:*

É importante notar que os planos de remuneração ou de comissão não são normalmente tão simples como parecem. Na maioria das vezes, as empresas para manter o MLM financeiramente viável definem um conjunto de objetivos baseados em vendas, baseados em desempenho ou baseados em padrões e só são pagos quando esses objetivos são alcançados. Por exemplo, poucas empresas pagam apenas se contratar um número específico de representantes para gerar vendas futuras; se não o fizer, não receberá nada das suas vendas.

- ***Compromisso financeiro:***

Poucas empresas encurralam os profissionais de marketing pedindo-lhes uma série de encargos ocultos sob a forma de taxas de inscrição, taxas de formação ou mesmo, por vezes, cobrando pelos materiais ou ferramentas de marketing que fornecem (por exemplo, CDs, corretores, manuais, etc.) aos profissionais de marketing para lhes darem formação sobre o produto e as suas características, bem como sobre a empresa. Na maioria das vezes, você precisará se comprometer a comprar um determinado volume de produto a cada mês para continuar elegível para participar do programa. Isto torna difícil para você permanecer rentável e dificulta a sua existência a longo prazo na indústria.

- ***Requer uma ampla motivação:***

Lembre-se que MLM é sobre renda alavancada. Você só pode sobreviver quando você ganhar dinheiro de suas próprias vendas mais as vendas geradas através de sua linha descendente. Portanto, é de vital importância manter a sua linha descendente motivada e focada. Também é necessário treinar e recrutar mais e mais pessoas para gerar mais renda. Portanto, o MLM requer esforço contínuo e trabalho árduo para a sobrevivência futura.

- ***Concorrência severa:***

Como o negócio de MLM não requer qualquer título ou habilidade profissional e, além disso, não tem relativamente nenhuma barreira de iniciação ou entrada, ele promove uma forte concorrência. Qualquer um pode entrar no mercado e tirar-lhe as perspectivas. É por isso que para garantir a longevidade, um vendedor MLM sério tem que trabalhar muito duro, pois há muitos outros por aí dispostos a trabalhar com seus patrocinadores.

A Perspectiva do Negócio

Há muita propaganda em todos os lugares sobre o sucesso do MLM e as recompensas financeiras e outras associadas ao emprego de uma campanha bem-sucedida de MLM. Mas quais são as estatísticas? Quais são os factos reais? Se você fizer sua pesquisa você vai descobrir que, embora várias empresas associar suas histórias de sucesso para MLM. Grandes gigantes como Avon, Amyway, Mary Kay e muitos outros têm grandes equipes de MLM que são uma vantagem para eles. Mas também é verdade que quase setenta ou oitenta por cento das empresas que entram em campo pela primeira vez se deparam com falhas e perdas. Por que isso acontece? Onde é que as coisas estão a correr mal? Aqui estão algumas áreas que requerem consideração adequada:

- ## *Razões para falhas no MLM*

Vamos descobrir algumas razões para falhas de MLM do ponto de vista da empresa:

- ## *Selecionando as pessoas erradas:*

Uma das maiores armadilhas é a selecção das pessoas erradas. A fim de maximizar suas comissões, os promotores de MLM muitas vezes selecionam qualquer pessoa quando recrutam indivíduos para fazer parte de sua linha descendente. Pessoas que não são realmente sérias e se não conseguem fazer comissões suficientes, retratam uma imagem ruim da empresa em todos os lugares. Isto é perigoso para o crescimento futuro de uma empresa. Outras pessoas podem estar relutantes em aderir à empresa e/ou comprar o produto.

- **Compromisso com a pesquisa e o desenvolvimento:**

É também essencial que as empresas lembrem que o MLM é parte integrante da sua estratégia de negócio. Poucas empresas concentram todos os seus esforços no MLM e esquecem o resto. É aqui que as coisas correm mal. Com excelentes esforços de marketing é também crucial investir em pesquisa

e o desenvolvimento e produção de um produto único com características sonoras. Não importa quão boa seja a sua rede de marketing e distribuição, sem um produto promissor, tudo o resto é inútil.

- **Os planos da Comissão estão inflacionados:**

Algumas empresas, a fim de atrair mais e mais pessoas e manter-se à frente da concorrência, oferecem planos de comissões e preços para produtos irrealistas ou sobreinflados e prometem riqueza de um dia para o outro. Evite fazer isso, primeiro, porque ele pode entrar em colapso financeiro em breve; segundo, pode ser visto como um esquema e as pessoas estão relutantes em se juntar a você.

- **Incapacidade de compreender a oferta e a procura do mercado:**

Na ganância de expandir a penetração

no mercado e atingir milhões de pessoas, o maior erro que algumas empresas cometem é esquecer a economia básica. É essencial avaliar a procura no mercado e a oferta de produtos. As empresas podem gastar enormes somas de dinheiro em MLM, mas o que elas não percebem é o cenário econômico. Além disso, o preço que você define é um determinante da demanda e da oferta, especialmente se o produto que você oferece não for muito diferente do que já está disponível em todo o mercado. Portanto, é essencial avaliar todos esses fatores antes de investir cegamente em MLM.

- **_Uso de práticas antiéticas:_**

O movimento mais perigoso que pode prejudicar a imagem de uma empresa é a implementação de práticas antiéticas para gerar lucros a curto prazo. Práticas como fazer falsas promessas sobre atributos de produtos, cobrar uma taxa inicial elevada ou exigir um grande investimento inicial de novas pessoas para se juntarem à sua equipa de distribuição, forçando-as a comprar um grande número de produtos que são realmente impossíveis de vender, podem fazer-lhe lucrar a curto prazo, mas prejudicar a sua imagem e existência a longo prazo.

É verdade que o MLM promete grandes somas de dinheiro, mas é essencial perceber que não há milagres e que você deve ser prudente e vigilante no desenvolvimento de estratégias de MLM e deve usar táticas legítimas e éticas, caso contrário ele entrará em colapso.

> ### Segredos do marketing multinível

No último capítulo, discutimos as razões

por trás das falhas do MLM e, portanto, destacamos alguns fatores que são essenciais considerar. Além disso, o que as empresas de MLM podem fazer para tirar o máximo proveito de sua campanha de marketing multinível. Existe algum segredo MLM para o sucesso? Como podemos nos diferenciar dos milhares de concorrentes já existentes no mercado? Como podemos oferecer mais? Aqui estão alguns segredos MLM para o sucesso:

Suporte, suporte e mais suporte:

Tens de ficar nas traseiras da tua equipa. Nunca deixe a sua equipa MLM sobreviver sozinha. Mantê-los atualizados e educá-los sobre o produto, a empresa e as tendências e tecnologias atuais do mercado. Lembre-se que a sobrevivência e o sucesso da sua equipa garantem a sobrevivência da sua empresa.

Ofereça algo extra

Boas empresas sempre oferecem um pouco mais para ganhar a confiança e lealdade de seus funcionários. Tente sempre desenvolver relacionamentos com sua equipe. Identificar os seus problemas e ajudá-los a resolvê-los. Também alguns bônus extras que são oferecidos a eles, por exemplo, no Natal, ou que podem enviar-lhes formação para melhorar suas habilidades de marketing nas despesas da empresa, são estratégias que podem promover a boa vontade e lealdade em sua equipe.

Fornecer ferramentas promocionais gratuitas:

Oferecer ferramentas promocionais

gratuitas ajudará você a gerar mais vendas. Os benefícios que oferece podem trazer-lhe perspectivas, por exemplo, oferecendo produtos ou serviços gratuitos que podem incluir produtos ou serviços gratuitos. Tácticas notáveis, especialmente se estiver a oferecer produtos de saúde ou produtos cosméticos. Você recebe presentes, incluindo produtos e serviços gratuitos.

Incentivar o trabalho em equipe:

O marketing multinível é baseado no trabalho em equipe e na construção de relacionamentos. Também é benéfico para uma empresa utilizar técnicas que estimulem o trabalho em equipe entre sua rede de distribuidores. Você pode fazer isso organizando seminários em intervalos regulares, envolvendo os membros da equipe através de salas de bate-papo on-line e outras redes sociais onde as pessoas podem se encontrar e aprender umas com as outras.

Desenvolver uma atitude apropriada

Todos os comerciantes MLM deve aprender o segredo do desenvolvimento de uma atitude adequada durante a realização de seus negócios, especialmente quando você está no negócio online MLM. Como você não está em contato direto com seu cliente, sua atitude deve ser tal que atraia seu potencial cliente. Respeite seus possíveis clientes e seja honesto, sincero e educado o tempo todo. Comunique-se com os seus potenciais compradores de uma forma respeitosa. Uma coisa boa a saber é que as pessoas te seguem, quando gostam de ti e te compram.

Portanto, ao incorporar esses segredos,

você pode oferecer algo mais ao seu povo e aos seus clientes e, assim, colher os benefícios a longo prazo.

Conclusão: Resumo

O marketing multinível é um trunfo para qualquer empresa que queira penetrar no mercado e gerar lucros. Todo negócio sonha em fazer mais vendas para ter lucro. Ao incorporar técnicas de MLM as empresas podem facilmente alcançar seus objetivos, mas novamente é importante lembrar que não há atalhos. Consistência, trabalho árduo e esforço são os requisitos para o sucesso.

Embora MLM é geralmente visto como um esquema ou ilegal, não é ilegal. É completamente legal. Cuidado, porém, com as práticas fraudulentas que as empresas menos legítimas empregam frequentemente no exercício da sua actividade. Também as empresas genuínas de MLM devem seguir rigorosamente as diretrizes legais e os meios éticos das práticas dos funcionários que não apenas asseguram o sucesso, mas também a persistência da empresa no longo prazo.

A outra dimensão do MLM é a sua extrema flexibilidade, que permite que muitas pessoas à sua volta se envolvam no negócio e gerem dinheiro ao seu próprio ritmo. Uma coisa que todo comerciante multinível deve entender é que não é um milagre e que leva tempo e esforço para finalmente ter sucesso, então nunca se zangue com os fracassos iniciais e nunca desista rapidamente. Vá em frente e continue trabalhando duro e você não estará longe do sucesso e de colher grandes rendas.

Agora sim, desejo-lhe o melhor em seus resultados, e lembre-se, tudo é prático; teoria sem ação não tem utilidade para você.

Um grande abraço, o teu amigo Gaston!

By the way, quando você conseguir seus resultados pouco a pouco, eu recomendo altamente que você, se você quiser aprender muito mais sobre os métodos de fazer dinheiro, o meu livro, sobre "COMO FAZER DINHEIRO COM SEU BLOGUE EM 2019", é um livro que eu tenho certeza que vai ajudá-lo muito no seu caminho para a "liberdade financeira". Sem mais delongas, você pode encontrá-lo no motor de busca da Amazônia, como: "Como ganhar dinheiro com seu blog em 2019" ou procurando meu nome, como: "Gaston Echevarria"... Mais uma vez, desejo-lhe sucesso nos seus resultados!

www.ingramcontent.com/pod-product-compliance
Lightning Source LLC
Chambersburg PA
CBHW072155170526
45158CB00004BA/1664